JN441103

이 책은 전국재해구호협회 <희망브리지>의 지원으로 제작되었습니다.

주관 : 서울특별시립 서대문노인종합복지관

지원 : 

글·그림
김명옥 김용순 유영자 윤경희 홍선표

인생산책

목 차

글 · 그림 김명옥

언제나처럼 하루가 나를 초대합니다.
더할 나위 없이 소중한 날이기에
아름다운 하루를 만들어보려
오늘도 옷매무새 가다듬고
세상과 어깨동무하며 잘 지내고 있습니다.

첫 번째 이야기
풍경

담장 밖 하늘이 손짓하는 날입니다.

가벼운 마음으로
발걸음을 옮겨봅니다.

오늘은 어떤 풍경과 마주하게 되려나
또 나는 어떤 모습으로 그려지게 될까?

꽃향기 가득하고 햇볕 좋은 날입니다.
바람도 잠시 의자에 머무르며
서로에게 안부를 묻습니다.

더할 나위 없이 행복하고 고마운 마음입니다.

어느 손은 먼지 나는 흙을 날랐고
어느 마음은 예쁜 꽃을 심어가며 정성 들여
가꾸어 놓은 공원입니다.

나도 그들처럼 누구에게 아름다운
풍경 한자락을 선물해 본 적이 있었나
생각해 봅니다.

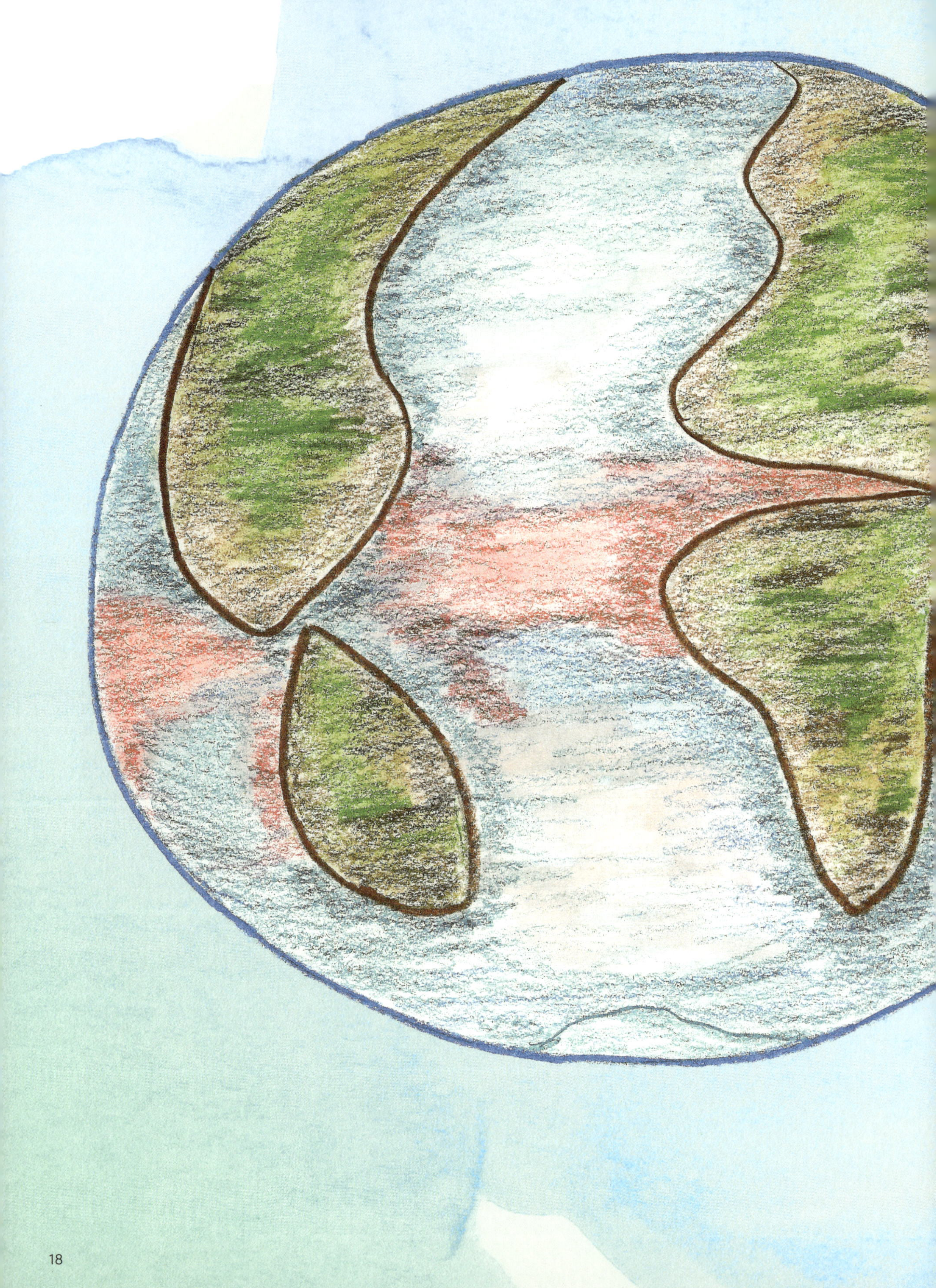

지구가 아무리 넓다 한들
내 한 걸음만큼만 디뎠고

하루가 24시간이라 해도
함께 한 시간만 느낄 수 있었고

모든 것이 제아무리 풍족하다고 해도
손안의 것만 헤아릴 수 있었습니다.

내가 아는 길만 보고 작은 생각만 키우며
분주했던 지난날들을 돌아봅니다.

어느덧 내일의 소중한 꿈을 품은
하루가 조용히 흘러갑니다.

모난 것이나 둥근 것이나
크고 작음에 구분 없이

무심히 비추다가 묵묵히 지고 있는
저 태양처럼 더는 생채기 내지 않고
조용히 저물고 싶습니다.

빛바랜 추억 너머로
저녁노을이 아름답습니다.
애달픈 아쉬움도 넘쳤던
행복도 아득한 그리움과 함께
풍경 속으로 곱게
날아오릅니다.

두 번째 이야기

작은 변화

글 · 그림 김용순

언제나처럼 하루가 나를 초대합니다.
더할 나위 없이 소중한 날이기에
아름다운 하루를 만들어보려 합니다.

12
1
2
3
4
5
6
7
8
9
10
11

매일 아침에 일어나 창문을 열고
청소하고 TV 시청하지요.

베란다에 작은 텃밭도 만들고 채소를
가꾸는 일은 제 취미생활이네요.

시력이 안 좋아,

안경점에 방문할 날짜네요.

10월
일 월 화
20 21 22

오래간만에 외출은 나를
설레게 만들었습니다.

안경 쓴 내 모습은
멋져 보여서 기분이 좋은데
"어머나, 저 작은 벌레가 보이네."

건강소년

오래전에 사용했던 재봉틀
다시 꺼내보니
"바늘귀도 보이네."

내가 좋아하는 보라색으로
앞치마와 작은 소지품 가방
만들어봅니다.

날씨가 갑자기 바뀌어 쌀쌀하니
털실 바구니도 찾아봤네요.

"뭘 뜰까?"

손녀의 방문은 나를 환하게 합니다.
같이 동화책에 나오는 이야기해보아요.

단풍 계절이 오니 나도 함께
가을여행 계획도 잡아보네요.

복지 프로그램

이제는 지역사회 여러분과
친구가 되어 모임 활동에도
참가합니다.

Well - Dying
준비하는 마음

"사전연명의료의향서"에 대해
복지관에서 자세히 설명해 주었는데
나도 한번 생각해 봐야겠네요.

글 · 그림 유영자

시인(시조, 동시), 소설가, 동화 작가, 수필가

약력 -제 9회 전국 성경 고사 대회 전체 특등
-제3회 스산 갯마을 전국 시낭송 대회 대상
-한국문인협회 회원
-한국소설가협회 회원
-한국저작권협회 회원
-한국시낭송가협회 회원

저서 -시는 내 것이 아닌 줄 알았다
-시의 바람이 불어오는 날들 속에는
-자서전 소설집 <또랑 영자네 삶은 어디까지 1>
-수필집 <이야기꾼 아줌마>

오래전부터 제가 직접 그린 어린이 동화책을 써보려고 그동안 많은 동화책을 모으기도 하고 그림 습작도 간간이 해왔습니다. 그런데 어른 동화로 표현한다고 해서 처음엔 참 많이도 놀랐습니다. 제가요? 젊은 날들도 못 해본 이 작업들... 분명히 글감도 있었고 그림을 그려 낼 자신감도 조금은 있긴 했거든요.

그런데 저는 시간과 건강과의 사투를 벌여야만 했습니다. 아이 휴! 나이 70세가 넘어서 이 낭만적인 일에 제가 끼어들다니요. 아휴, 내 팔자야, 소리도 간간이 쏟아냈구요. 춘향이가 변 사또의 형틀 앞에서 몰매를 맞은 것 같은 춘향이 같은 나의 몸과 마음 상태... 힘든 적도 많았지만 참기로 했습니다. 저는 아직은 건강하니까 제가 쓴 글, 그림이 누군가에게 위로와 평안을 줄 수 있다면, 이 세상에 태어나게 하신 그 하나님께도 어려운 분들에게도 선물이 될 순 있진 않을까? 그렇게 맘을 먹고 나니 제 마음에도 기쁨이 찾아왔고요. 보람된 하루하루를 약 6개월의 수업 시간들. 그리고 그 고된 작업 시간들, 어떨 결에 채워 나갈 수가 있었겠지요. 예정에도 없던 일들이 일제히 제게 일어났던 것입니다.
평생에 화가도 아니면서 그림을 그것도 동화의 내용에 맞도록 생각하면서 이렇게 단 기간에 많이 그려 볼 줄은 상상도 못 했습니다. 원도 한도 없이 그려 보았습니다. 이젠 그 어떤 어려운 그림들도 흉내 내서 그릴 수 있을 것 같습니다. 이런 고귀하고 보람 된 일터로 저를 초대해 주신 천양호 대리님 고맙습니다. 그동안 수고 너무 많이 하셨습니다. 아리따운 두 분 선생님들 너무너무 수고 많이 하셨습니다. 늘 잘 했다고 회원분들 다독여도 주시고요. 자상하고 섬세히 지도해 주신 것 너무너무 감사드립니다.

세 번째 이야기

나의 삶에 크리스마스 날은 계속 온다

여러분, 여러분들은 혹시 사과나무가 장미과인 것을
알고 계시나요? 저도 장미꽃처럼 한때는 상큼하고
향기가 나던 풋풋한 시절이 있었어요.

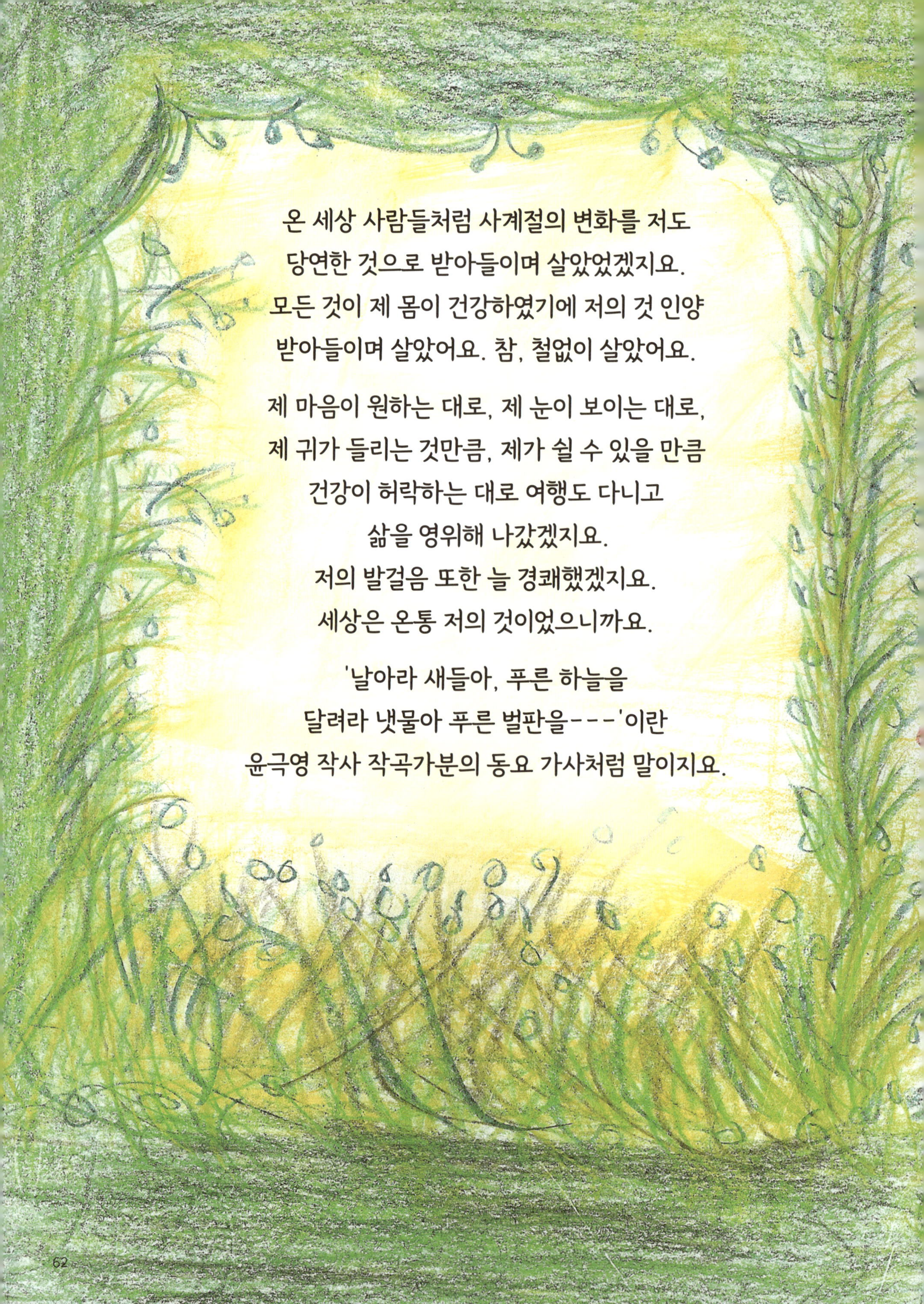

온 세상 사람들처럼 사계절의 변화를 저도
당연한 것으로 받아들이며 살았었겠지요.
모든 것이 제 몸이 건강하였기에 저의 것 인양
받아들이며 살았어요. 참, 철없이 살았어요.

제 마음이 원하는 대로, 제 눈이 보이는 대로,
제 귀가 들리는 것만큼, 제가 쉴 수 있을 만큼
건강이 허락하는 대로 여행도 다니고
삶을 영위해 나갔겠지요.
저의 발걸음 또한 늘 경쾌했겠지요.
세상은 온통 저의 것이었으니까요.

'날아라 새들아, 푸른 하늘을
달려라 냇물아 푸른 벌판을---'이란
윤극영 작사 작곡가분의 동요 가사처럼 말이지요.

젊은 날인지라 상록수처럼 일 년 내내 그 어떤 꿈들도 다 저의 것이었었지요. 하늘의 해와 달도, 심지어 그 하늘에 작고 작은 별들까지도 따올 것만 같은 기세였던 저의 젊은 날이었었지요. 전 키는 그다지 크진 않았지만 얼굴도 사과처럼 상큼하게 생겼고 꽤나 영리하고 바지런한 타입이었거든요.

하늘의 꿈들도 땅의 꿈들까지도 저의 꿈인 양 제 마음속 깊이깊이 뿌리를 내리고 싶었어요. 그것이 어떤 꿈일지라도 말이지요. [선유도 공원에서 보았던 수많은 아름드리나무들의 뿌리들처럼…] 너무 꿈이 많으면 누군가에게 들킬 수도 있다는 것을 철이 없어서 그땐 몰랐어요.

전 그 꿈을 이루려고 날이면 날마다 순간순간마다
마음속으로 그런 무지개 꿈들을 꾸곤 했었지요.

심지어 밤에 잠을 잘 때조차도 그런 꿈을 꿀 때가 참 많았지요.
그럴 땐 몸과 마음이 얼마나 행복한지 몰라요.
저절로 콧노래가 흥얼흥얼 나온 다니까요.
봄의 새싹들이 움이 돋는 것처럼…

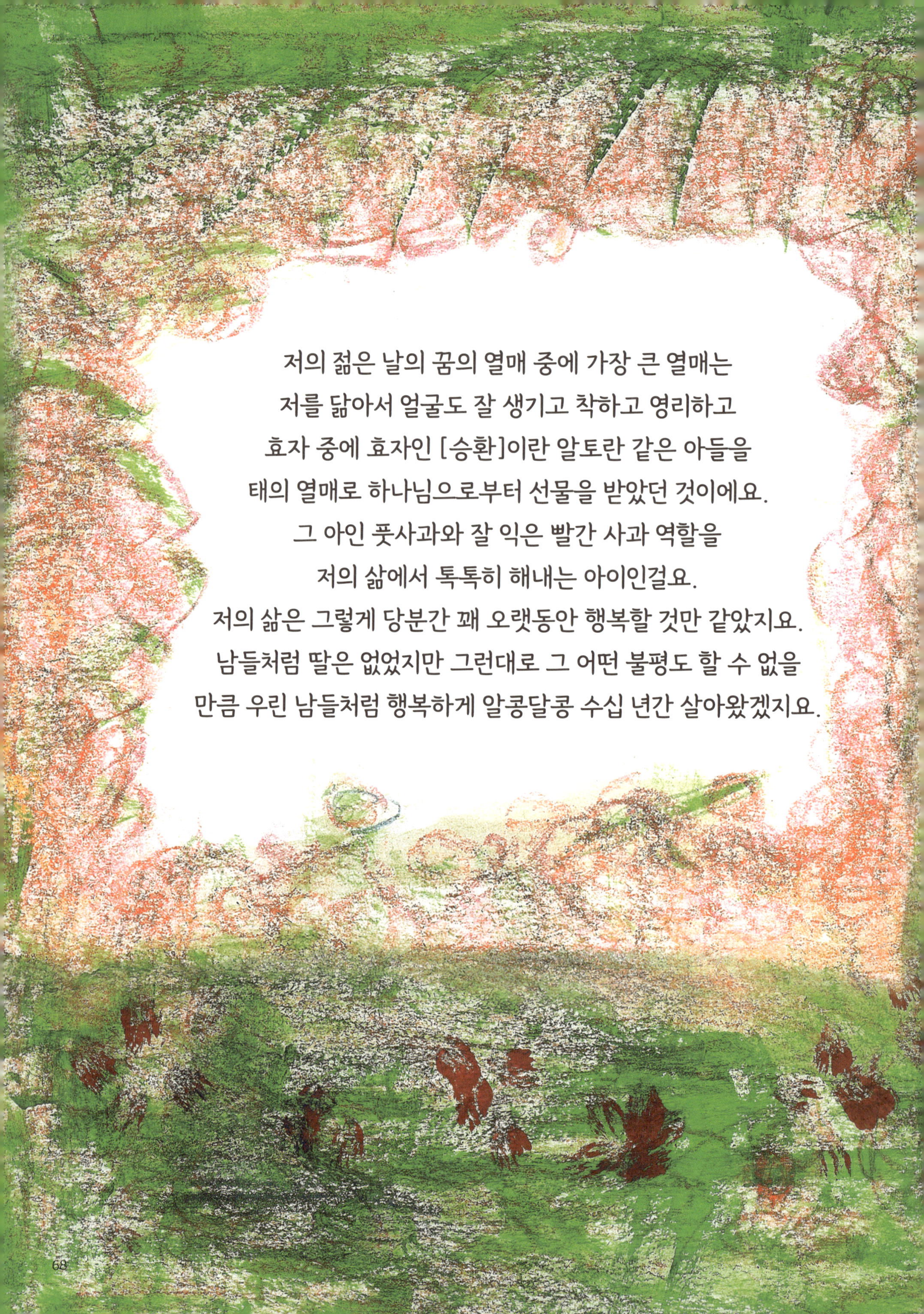

저의 젊은 날의 꿈의 열매 중에 가장 큰 열매는
저를 닮아서 얼굴도 잘 생기고 착하고 영리하고
효자 중에 효자인 [승환]이란 알토란 같은 아들을
태의 열매로 하나님으로부터 선물을 받았던 것이에요.
그 아인 풋사과와 잘 익은 빨간 사과 역할을
저의 삶에서 톡톡히 해내는 아이인걸요.
저의 삶은 그렇게 당분간 꽤 오랫동안 행복할 것만 같았지요.
남들처럼 딸은 없었지만 그런대로 그 어떤 불평도 할 수 없을
만큼 우린 남들처럼 행복하게 알콩달콩 수십 년간 살아왔겠지요.

어느 날 갑자기 찾아온 류마티스 관절염이란 병…
아니 어쩌면 서서히 찾아왔겠지요.
저만 사는 것이 바빠서 건강에 신경을 쓰지 못한 것이
내내 저와 저의 아들, 승환이에게 큰 후회로 남고 말았네요.

저는 그래도 다행인 것이 아프기 전에 초등학교 앞에서 문방구를 열심히
운영을 했던 적이 있었지요. 그 문방구에 약간의 문방구 용품을 놔두고
유리창 밖의 세상을 바라보고 있어요. 그때부터 지금까지…
계절은 내가 이렇게 아플 때도 전에 건강했을 때처럼 이웃분들이
저를 반겨 맞아주고 있네요.

삶들도 여전히 제 곁에 머물거나 자신들의 삶을 여과 없이 보여주고 있네요.
다만 저만이 휠체어에 몸을 의지한 것으로 바뀐 것 말고는요.

전 용기를 내야만 했어요.
아들은 이런 아픈 엄마로 인해서
아직 결혼도 못 하고 직장 생활을 하는데 아들이
결혼하는 모습까진 보고 가고 싶기 때문이에요.
전 꿈을 잃지 않기 위해서 날마다 순간순간마다
제 삶의 마지막 일지도 모를 삶을 살면서
하나님께 간절히 기도를 드려요.
[제발 우리 착한 아들의 배필이 행운의
네잎 클로버처럼 나타나게 해주세요.
네에? 하나님...]

저에게 사람들이 어떤 모습으로든 다가오고 있네요.
유리 창밖의 세상에서도… 제가 욕심을 버리고
이기심을 버리고 겸손히 모든 것을 내려놓으니
저의 마음이 조금씩 조금씩 행복해지기 시작하네요.
신비스럽게도…

저는 생명이 있고 살아 있기에 아직 코로 숨을 쉴 수 있고, 두 눈으로 볼 수 있어서, 두 귀로 들을 수 있어서, 두 손과 두 발을 잘 움직일 수 없는 채로 생을 연명은 하고 있어요. 우리나라 의료 시설과 의료 혜택이 좋아서 지금껏 연명은 해오곤 있어요. 제 생활이 전처럼 불편하다고 해서 저 스스로 목숨을 끊을 수는 없잖아요, 착한 저의 아들을 혼자 남겨둔 채로는 말이에요.

그리고 저의 곁을 밤낮으로 붙어 있으면서
간호해 주시는 간병인, 그리고 이웃분들... 그분들은 저의
수호천사가 되어 저의 노년의 삶을 지탱하여 주고 있네요.
참, 고마우신 분들이지요. 그분들께
전 참 죄송하면서도 고맙고 행복한걸요.

그런 분들 덕택에 전 젊은 날의 비비추 꽃의 잎들이 꼬였어도
예쁘게 보인 것처럼 살 수가 있어요.
몸과 마음이 건강했던 젊은 날은 젊은 날들대로...
인생의 겨울과 같은 날은 지금대로 눈, 비, 먹구름, 장대비
쏟아지는 날들은 그런 날들대로 온기를 받아내고 있었지요.
온몸으로 받아낸 비비추 같은 저의 모습,
고통은 그대로 겨울날의 시래기 건조 식물처럼 귀하고
그렇게 아름답게 느껴지던걸요.
왜일까요? 자연 그대로의 저의 모습이기 때문일 거예요.

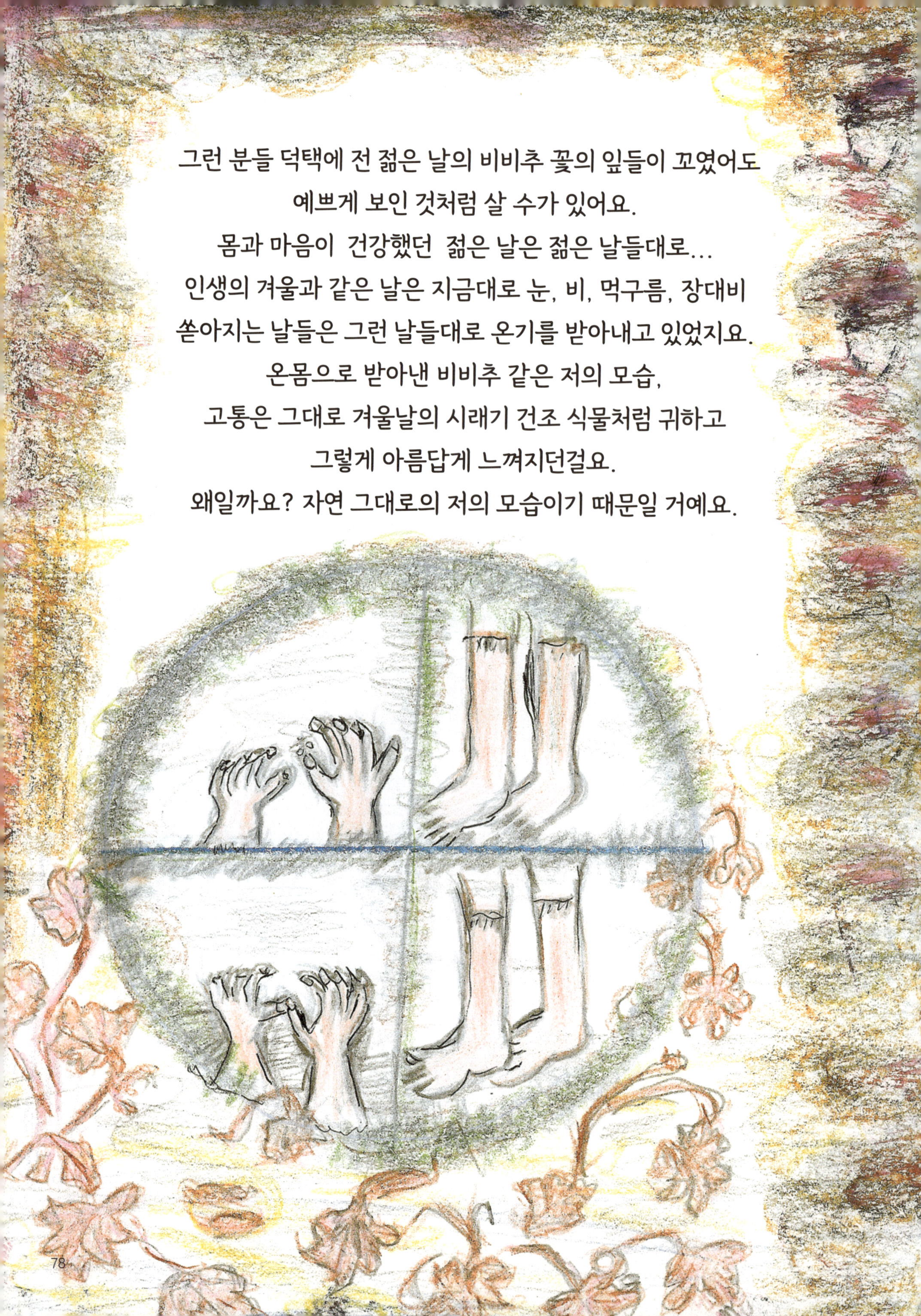

그 모습이 바로 저의 본 모습이거든요.
저는 원래 장미과의 사과나무인 걸요.
저의 색다른 모습이 하나 더 있어요,
바로 나이 든 노년에 병든 나의 모습인데요.
모양은 좀 볼상사나워도 저의 이런 모습조차도
장미과인 것 여러분들은 아셔야만 할 거예요.

저의 병들은 모습, 노년의 모습은 바로 모과예요.
모과도 사실 장미과거든요. 아마 그것은 나의 꽃잎사귀와
향 때문일 거예요. 겨울날 그 모과를 잘랐다 놔두었다가
끓여서 마셔 보셔요. 향도 참 좋고요.
감기 예방에도 좋다는데요.

인생은 어차피 한 번 왔다 한 번 가는 외로운 여행길인데요.
불평한다고 그 키를 한자 더 늘릴 수는 없는 거잖아요.
주어진 삶에 최선을 다한다면 그 속에서도 날마다 크리스마스
날은 계속 온 다네요, 저 같은 류마티스 환자라도 말이에요.
여러분, 우리 모두 조금만 더 힘을 내면서 살자고요.
더 살고 싶어도 더 살지 못하고 가는 날도 있을 테니까요.

삶은 소중한 것이잖아요.
그런 어려움 삶 속에서라도 크리스마스 날은
늘 찾아온 다네요.
우리의 삶이 아직 다하지 않았기 때문이라네요.

글 · 그림 홍선표

새로운 도전과 좋은 기회를 주신 복지관, 복지사님,
또한 격려와 응원을 아끼지 않으셨던 지도 선생님들
감사합니다. 미숙한 결과물이 나오니 부끄러움이 앞섭니다.
수고하셨습니다.
고맙습니다.

빨간 장갑

히히슈퍼
라 면
컵라면
빵
새우깡
크레카
우유
주스
회원
20%
세일

나는 지인의 소개로 새로운 친구를
설레는 마음으로 만나러 가고 있어요.

기다렸다며 반갑게 맞아주시는
신영실님과의 첫 만남은
아주 좋았어요.

"안녕하세요, 신 여사님.
참 반갑습니다.
저는 옹달샘이라고 해요.
우리 친구 해요."

나는 얼른 여사님의
손을 잡았어요.

만남이 거듭되며 여사님은 외로웠던
지난 이야기를 했어요.

"언니가 결혼을 안 하니 나도 안 했지.
우리 자매는 정답게 살았어요."

"그러던 어느 날, 언니가 사고로 내 곁을 떠나셨어.
너무나 슬픔이 커서 나는 매일 방황했어요."

"매일 언니 생각만 하다 보니 우울증이 생겨 방에서 나오지도 않고 언니의 한복 치마로 만든 커튼을 바라보며 슬픔에서 헤어 나오질 못했지."

여사님은 말을 잇지 못하셨어요.

"얼마나 슬프셨을까요? 잘 이겨내고 계십니다.
저의 작은 힘이나마 도움이 되신다면 자주
연락하며 말벗이 되어드리면 어떨까요?"

나는 여사님께 전화를 겁니다.
"여보세요~~" 전화받으시는 목소리가 밝습니다.
"더운데 집에 계시지 말고 우리 시원한 카페에 가요."

여사님은 외출할 때는 다른 모습이세요.
곱게 화장도 하고 멋스러운 원피스에
빨간 망사 장갑을 끼고 나오시지요.

"아유 멋져요. 호호."

"손에 검은 점이 많아 보기 싫거든."

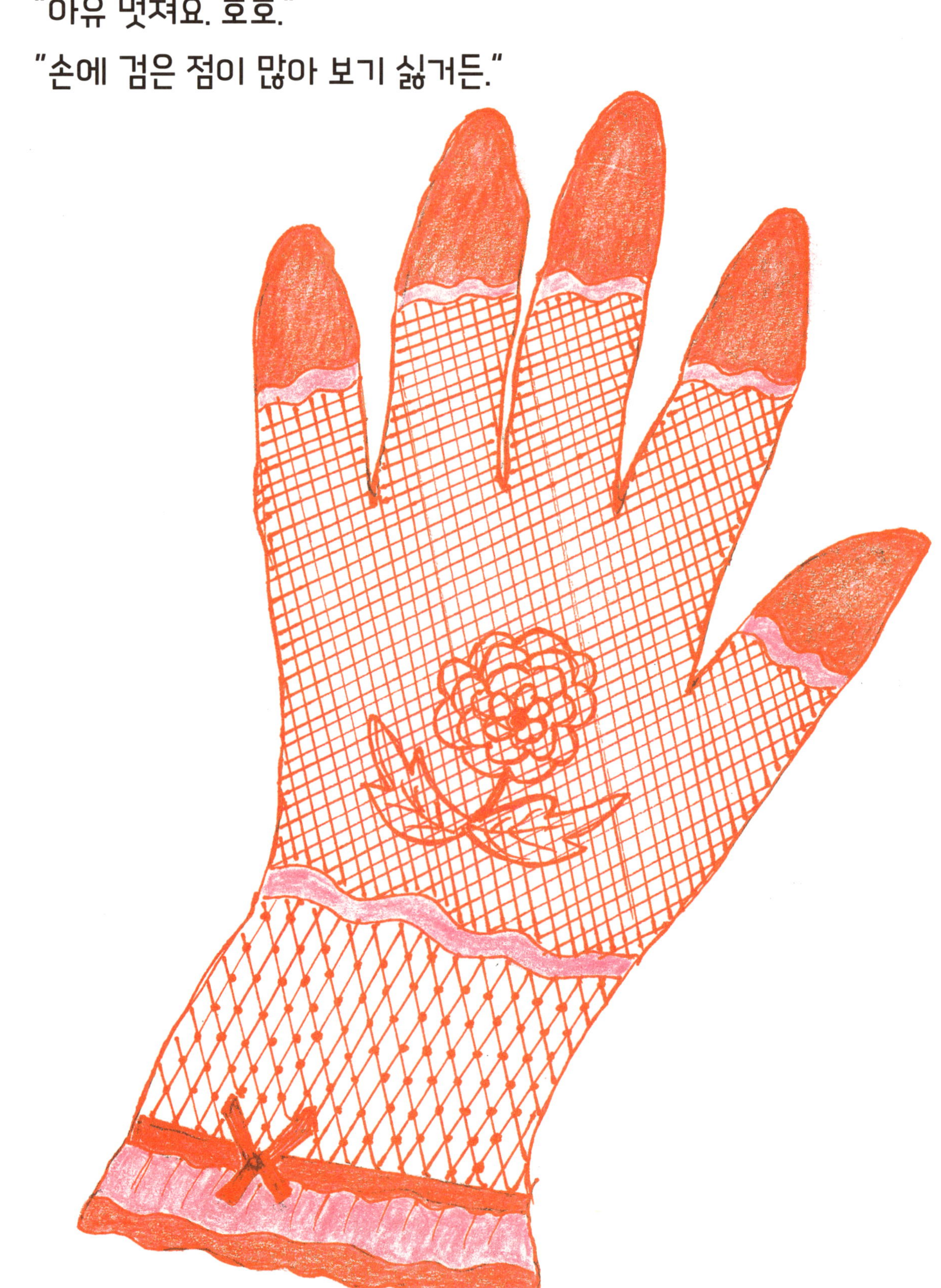

나를 쳐다보며 멋쩍게

웃으시는 모습이 소녀 같아요.

더운 날씨에 우리는 손을 맞잡고
맛집을 찾아 언덕을 내려옵니다.

"삼계탕으로 몸보신했으니,
커피는 내가 살게."
예쁜 찻잔에 커피를 마시며
다음 스케줄도 잡았어요.

가을이 되면 기차 타고
단풍놀이 가기로 약속도 했지요.
"어디로 갈까?
춘천, 소요산, 용문산?"

우리는 용문산을 가기로 했어요.

맛있는 점심도 먹고 형형색색 아름다운
단풍에 소녀가 되어 감탄사를 연발하며
즐겁고 행복한 멋진 추억을 만들었어요.

예쁜 단풍을 보면 잎이 나고 낙엽이 지듯이
인생의 황혼을 생각했어요. 내가 태어날 때
울면서 태어났지만 주변 사람들은 기뻐했듯이
떠날 때 나는 기쁘게 가지만 주위에서
헤어짐을 아쉬워하는 삶.

이렇게 아름답게 인생을 마무리하고
싶다는 생각이 들었어요.
"이런 욕심은
부려도 괜찮겠지!
정말 잘 살았다.
소중한 시간들.
고마워. 사랑해.
잘 있어."

글 · 그림 윤경희

독거 어르신과 함께 했던 이야기를 담은 그림책입니다.
오래된 앨범처럼 온기가 전해지기를 바랍니다.

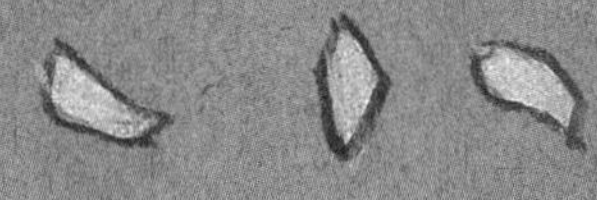

다섯 번째 이야기

어르신의 화양연화

복지관을 통해서 홀로 지내시는 할머니 어르신을 소개받았습니다. 앞으로 몇 달간 댁을 찾아가서 말벗을 해 드릴 예정이지요. 거동이 불편하셔서 거의 집에만 계시다는데 어떤 분이실까 궁금합니다.

집안에는 오래된 물건들이 가지런히 놓여있습니다.
신기한 눈으로 둘러보고 있는데

"나는 미싱 일을 했었다우. 지금이야 옷을 못 짓지만 아직 솜씨는 좀 남아 있는데 혹시 색종이 접기를 좀 가르쳐 줄 수 있을까요?"

그제야 식탁 위 빛바랜 종이학 한 마리가
눈에 들어왔습니다.

나라

W
해동
요리
시작

열심히 연구하면서 색종이 접기 수업을 준비했어요.
그러나 어르신이 좋아하실 만한 주제를 찾는 것이
항상 고민이었습니다.

어느 날, 어르신 집을 종이접기 그림으로 표현해 봐야겠다고 생각을 했습니다. 노란 집에 나무와 화분, 그리고 가끔 놀러 오는 들고양이까지….

"선생님은 내 생각을 많이 하는가 봐요.
여러 사람 고생시키지 말고 시설로 들어가야 하나
생각하고 있었는데 이렇게
집을 한 채 지어주시다니."

어르신이 유쾌하게 껄껄 웃으시네요.

그때 아이디어가 떠올랐습니다.

'어르신의 인생을 접어보자'라고요.

이제는 더 이상 무엇을 접을지 고민하지 않는답니다. 어르신과 이야기를 나눌 때마다 새로운 주제 거리가 꼬리에 꼬리를 물고 나오니까요.

할머니!
저두요!!
어디,
맛 좀 볼까?

추억을 접고 계절을 접고 소꿉놀이하듯이
음식을 접으니 어느덧 어르신 인생이 형형색색
색종이로 물들어 가는 듯합니다.
초록빛으로 때론 회색빛으로, 가끔은 설레는 핑크빛으로….

숨을 거칠게 몰아쉬며 작품에 몰두하시는 어르신!
그러나 그 모습이 힘들게 보이지만은 않습니다.
색종이를 접으며 지난날을 추억하고 즐거운 상상을 하며
세상과 만나고 거친 세월과도 맞서고 있는 중이겠지요.

어르신은 그 시절로는
참으로 드물게
연애결혼을 하셨답니다.

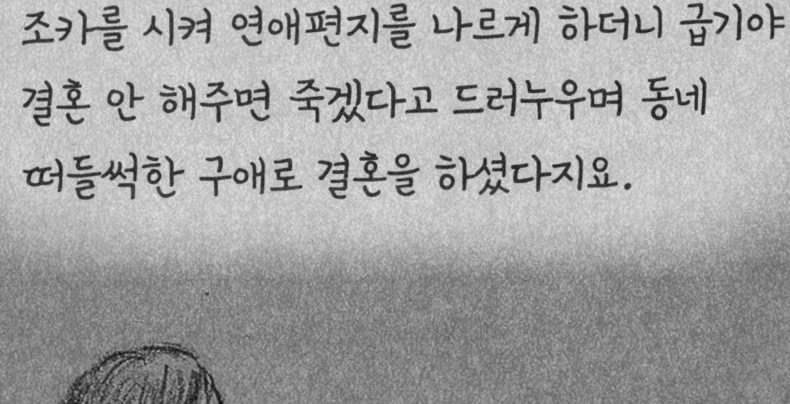

나이 어린 동네 청년이 주변을 맴돌고
조카를 시켜 연애편지를 나르게 하더니 급기야
결혼 안 해주면 죽겠다고 드러누우며 동네
떠들썩한 구애로 결혼을 하셨다지요.

10
25

NEWLION

그러나 뜨거운 연애의 대가는 혹독했답니다.
결혼하고 나서 곧 어린 신랑은 입대를 해 버렸으니
어르신은 돈 버시랴, 홀로 아이 낳아 키우랴,
시어머니 시집살이에 시동생들 뒷바라지까지
고생했던 사연을 실타래처럼 풀어 놓습니다.

"새파랗게 젊은 총각이 죽겠다는데 어떻게 해요.
불구덩이인 줄 알면서 뛰어들 수밖에요."

집안 곳곳에는 몇 년 전 세상을 등지신 할아버지의 손 때 묻은 물건들이 주인을 기다리는 듯 그대로 남아있습니다.

그렇게 원망을 하셔도 "가끔씩 꿈속에 나타나주곤 하더니 요즘은 도무지 찾아주질 않네요." 라며 야속해 하시는 어르신, 어느새 깊은 그리움이 눈가에 어립니다.

오늘은 신랑신부를 접기로 했어요.
이미 수없이 들어서 외워 버린 어르신의 러브 스토리지만
처음 듣는 것 인양 귀를 기울이면서요.

사랑스러운 신랑신부의 모습을 접다 보면
오늘 밤 어르신 꿈속에 할아버지가 불현듯
찾아와 주시지 않을까요?

불타는 로맨스에 꽃다운 처녀의 꿈도
청춘도 다 타버렸지만 그래도 그때가 어르신의
가장 행복했던 화양연화였을 테니까요.

초판 1쇄 2025년 04월 22일 발행

발행처 (주) 작가의탄생 | **펴낸이** 김용환 | **디자인** 김유린, 김지은

출판등록 제 406-2003-055호 | **주소** 18371 경기도 화성시 병점노을5로 20 골든스퀘어2, 1407

대표전화 1522-3864 | **전자우편** we@zaktan.com | **홈페이지** www.zaktan.com

ISBN 979-11-394-2138-5 (03810)